by the same author
LE PETIT NICOLAS

ENCORE DU NICOLAS

NICOLAS ET SES COMPAINS

Les vacances du petit Nicolas

by
GOSCINNY

adapted by
ANN DUBS B.A.
formerly of the Modern Languages Department
Woodberry Down Comprehensive School

illustrated by SEMPÉ

Longman

Longman Group Limited
London

*Associated companies, branches and representatives
throughout the world*

First published by Denoël, Paris 1960
English School Edition © Longman Group Ltd 1968

First published by Longman Group Ltd 1968
Latest impression 1974

ISBN 0 582 36028 5

Printed in Hong Kong by
The Continental Printing Co Ltd

Table des matières

Foreword

Nicolas, whose school exploits were introduced to British readers in *Le petit Nicolas*, now goes on holiday – first with his parents to the sea-side and then to a 'colonie de vacances' – where he continues to be a cheerful thorn in the flesh of the adult world.

The level of difficulty is the same as that of *Le petit Nicolas* – second or third year. The tenses used are: Present, Perfect, Imperfect and Future. There is a selective vocabulary and questions at the end of each chapter.

PREMIERE PARTIE

Vacances en famille

Une studieuse année scolaire s'est terminée. Nicolas a remporté le prix d'éloquence, qui récompense chez lui la quantité, sinon la qualité, et il a quitté ses amis qui s'appellent: Alceste, Rufus, Eudes, Geoffroy, Maixent, Joachim, Clotaire et Agnan. Les livres et les cahiers sont rangés, et c'est aux vacances qu'il s'agit de penser maintenant.

Et chez Nicolas, le choix de l'endroit où l'on va passer ces vacances n'est pas un problème, car ...

1 C'est papa qui décide

Tous les ans Papa et Maman se disputent beaucoup pour savoir où aller en vacances. Puis Maman se met à pleurer et elle dit qu'elle va aller chez sa maman. Moi, je pleure aussi parce qu'il n'y a pas de plage chez ma grand'mère et à la fin on va où veut Maman et ce n'est pas chez Mémé.

Hier, après le dîner, Papa nous a regardés, l'air fâché et il a dit:

– Ecoutez-moi bien! Cette année, je ne veux pas de discussions, c'est moi qui décide! Nous irons dans le Midi. J'ai l'adresse d'une villa à louer à Plage-les-Pins. Trois pièces, eau courante, électricité. Je n'ai aucune intention d'aller dans un hôtel et manger de la nourriture minable.

– Eh bien, mon chéri, a dit Maman, ça me paraît une très bonne idée.

– Chic! ai-je dit et je me suis mis à courir autour de la table.

Papa a ouvert de grands yeux, comme il fait quand il est étonné, et il a dit:

– Ah? Bon.

Pendant que Maman débarrassait la table, Papa est allé chercher son masque de pêche sous-marine dans le placard.

— Tu vas voir, Nicolas, m'a dit Papa, nous allons faire des parties de pêche formidables.

Moi, ça m'a fait un peu peur, parce que je ne sais pas encore très bien nager; si on me met bien sur l'eau je fais la planche. Mais Papa m'a dit de ne pas m'inquiéter, qu'il allait m'apprendre à nager. Ayant été champion de nage libre quand il était plus jeune, il pourrait encore battre des records s'il avait le temps de s'entraîner.

— Papa va m'apprendre à faire de la pêche sous-marine! ai-je dit à Maman quand elle est revenue de la cuisine.

— C'est très bien, mon chéri, m'a répondu Maman. Mais je vous avertis qu'en Méditerranée il n'y a plus beaucoup de poissons. Il y a trop de pêcheurs.

— Ce n'est pas vrai! a dit Papa; mais Maman lui a demandé de ne pas la contredire devant le petit. D'ailleurs c'était écrit dans un journal; et puis elle s'est mise à tricoter.

— Mais alors, ai-je dit à Papa, nous aurons l'air de deux idiots sous l'eau, s'il n'y a pas de poissons!

Papa est allé remettre le masque dans le placard sans rien dire. Moi, je n'étais pas tellement content: c'est vrai, chaque fois qu'on va à la pêche avec Papa c'est la même chose, on ne ramène rien. Papa est revenu et puis il a pris son journal.

— Et alors, ai-je dit, des poissons pour la pêche sous-marine, il y en a où?

— Demande à ta mère, m'a répondu Papa,

12   c'est une experte.

– Il y en a dans l'Atlantique, mon chéri, m'a dit Maman.

Moi, j'ai demandé si l'Atlantique était loin de l'endroit où nous allions, mais Papa m'a dit que si j'étudiais un peu mieux à l'école, je ne poserais pas de telles questions.

– Il faudra faire la liste des choses à emporter, a dit Maman.

– Ah! non! a crié Papa. Cette année, nous n'allons pas partir déguisés en camion de déménagement. Des slips de bains, des shorts, des vêtements simples, quelques lainages …

– Et puis des casseroles, la cafetière électrique, la couverture rouge et un peu de vaisselle, a dit Maman.

Papa s'est levé d'un coup, tout fâché. Il a ouvert la bouche, mais il n'a pas pu parler, parce que Maman l'a interrompu.

– Tu sais bien, a dit Maman, ce que nous ont raconté les Blédurt quand ils ont loué une villa l'année dernière. Pour toute vaisselle, il y avait trois assiettes et à la cuisine deux petites casseroles dont une avait un trou au fond. Ils ont dû acheter sur place à prix d'or ce dont ils avaient besoin.

– Blédurt ne sait pas se débrouiller, a dit Papa. Et il s'est rassis.

– Possible, a dit Maman, mais si tu veux une soupe de poisson, je ne peux pas la faire dans une casserole trouée, même si on arrive à se procurer du poisson.

Alors j'ai dit que je ne voulais pas aller à une mer où il n'y a pas de poissons alors que l'océan Atlantique en est plein. Maman m'a dit qu'il ne fallait pas être triste à cause des vilains poissons et que je serai bien content tous les matins quand je verrai la mer de la fenêtre de ma jolie chambre.

– C'est-à-dire, a expliqué Papa, qu'on ne voit pas la mer de 13 la villa. Mais elle n'est pas très loin, à deux kilomètres. C'est la dernière villa qui restait à louer à Plage-les Pins.

– Et la plage, c'est des galets? a demandé Maman.

– Non, madame! Pas du tout! a crié Papa tout content. C'est une plage de sable! De sable très fin! On ne trouve pas un seul galet sur cette plage!

— Tant mieux, a dit Maman; comme ça, Nicolas ne passera pas son temps à faire ricocher des galets sur l'eau. Depuis que tu lui as appris à faire ça, c'est une véritable passion chez lui.

J'étais bien malheureux. A la fin, ce n'est pas amusant d'aller dans cette vieille villa avec des casseroles trouées, loin de la mer, là où il n'y a ni galets ni poissons.

— Je vais chez Mémé! ai-je crié.

Maman m'a dit de ne pas me fâcher, que Papa était celui qui avait le plus besoin de vacances dans la famille et qu'il fallait l'accompagner en faisant semblant d'être contents.

— Mais, mais, mais … a dit Papa.

— Moi je veux faire des ricochets! ai-je crié.

— Tu en feras peut-être l'année prochaine, m'a dit Maman, si Papa décide de nous emmener à Bains-les-Mers.

— Où ça? a demandé Papa, qui est resté avec la bouche ouverte.

— A Bains-les-Mers, a dit Maman, en Bretagne, là où il y a l'Atlantique, beaucoup de poissons et un gentil petit hôtel qui donne sur une plage de sable et de galets.

— Moi je veux aller à Bains-les-Mers! ai-je crié. Moi je veux aller à Bains-les-Mers!

— Mais, mon chéri, a dit Maman, il faut être raisonnable, c'est Papa qui décide.

Papa s'est passé la main sur la figure, il a poussé un gros soupir et il a dit:

— Bon, ça va! j'ai compris. Il s'appelle comment ton hôtel?

— Beau-Rivage, mon chéri, a dit Maman.

— Bon, a dit Papa, je vais écrire pour voir s'il reste encore des chambres.

— Ce n'est pas la peine, mon chéri, a dit Maman, c'est déjà fait. Nous avons la chambre 29, face à la mer, avec salle de bains.

Et Maman a demandé à Papa de ne pas bouger parce qu'elle voulait voir si le pull-over qu'elle tricotait était assez long. Il paraît que les nuits en Bretagne sont un peu fraîches.

Vocabulaire

minable (fam) *inferior*
débarrasser *to clear*
la pêche sous-marine *underwater fishing*
faire la planche *to float*
la nage *stroke*
la nage libre *free-style swimming*
avertir *to warn*
s'entraîner *to get into training*
le camion de déménagement *furniture removal van*
le slip de bains *swimming trunks*
la vaisselle *plates and dishes*
sur place *on the spot*
à prix d'or *very expensive*
se débrouiller *to sort things out, to manage*
le galet *pebble*
faire des ricochets *to make (the pebbles) skim over the water,*
   to play ducks and drakes
l'inconvénient(m) *disadvantage*

Questions

1 Où papa voulait-il passer ses vacances?
2 Quel sport avait-il l'intention de pratiquer avec Nicolas?
3 Nicolas savait-il nager?
4 Nommez trois nages.
5 Qu'est-ce que c'est que la nage libre?
6 Pourquoi le père de Nicolas a-t-il remis son masque de pêche dans le placard?
7 Quels sont les inconvénients d'une villa louée?
8 Pourquoi le départ en vacances de la famille de Nicolas ressemblait-il d'habitude à un déménagement?
9 Etes-vous du même avis que Nicolas qui aime bien les plages de galets?
10 Le père de Nicolas a-t-il dû écrire à l'hôtel pour réserver des chambres? 17

2

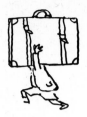

Le père de Nicolas ayant pris sa décision, il ne
restait plus qu'à ranger la maison, mettre les
housses, enlever les tapis, décrocher les rideaux,
faire les bagages, sans oublier d'emporter les œufs
durs et les bananes pour manger dans le compartiment.

Le voyage en train s'est très bien passé, et c'est
enfin l'arrivée à Bains-les-Mers, à l'hôtel Beau-
Rivage. La plage est là, et les vacances peuvent
commencer ...

2 La plage

A la plage, on s'amuse bien. Je me suis fait beaucoup de copains. Il y a Blaise, Fructueux, Mamert, Irénée, Fabrice et Côme et puis Yves, qui n'est pas en vacances parce qu'il est du pays. On joue ensemble, on se dispute, on ne se parle plus.

— Va jouer gentiment avec tes petits camarades, m'a dit Papa ce matin, moi je vais me reposer et prendre un bain de soleil. Puis, il a commencé à se mettre de l'huile partout. Il souriait en disant:

— Ah! quand je pense aux copains qui sont restés au bureau!

Nous avons commencé à jouer avec le ballon d'Irénée.

— Allez jouer plus loin, a dit Papa, et bing! le ballon est tombé sur la tête de Papa. Ça ne lui a pas plu du tout. Il s'est beaucoup fâché et il a donné un gros coup de pied dans le ballon, qui est allé tomber dans l'eau, très loin. Un shoot formidable. Irénée est parti en courant et il est revenu avec son Papa. Il est drôlement grand et gros le Papa d'Irénée, et il n'avait pas l'air content.

– C'est lui! a dit Irénée en montrant Papa du doigt.

– C'est vous, a dit le Papa d'Irénée à mon Papa, qui avez jeté dans l'eau le ballon du petit?

– Eh bien oui, a répondu mon Papa au Papa d'Irénée.

– Les enfants sont sur la plage pour se détendre, a dit le Papa d'Irénée, si ça ne vous plaît pas, restez chez vous. En attendant, il faut aller chercher le ballon.

– Ne fais pas attention, a dit Maman à Papa. Mais Papa a préféré faire attention.

– Bon, bon, a-t-il dit, je vais aller le chercher, ce fameux ballon.

– Oui, a dit le Papa d'Irénée, moi à votre place j'irais aussi.

Le vent ayant poussé le ballon très loin, Papa a mis longtemps à le rattraper. Il avait l'air fatigué quand il a rendu le ballon à Irénée et il nous a dit:

– Ecoutez, les enfants, je veux me reposer tranquillement. Alors, au lieu de jouer au ballon, pourquoi ne jouez-vous pas à autre chose?

– A quoi par exemple, a demandé Mamert.

– Je ne sais pas, moi, a répondu Papa, faites des trous, c'est amusant de faire des trous dans le sable. Cette idée nous a beaucoup plu et nous avons pris nos pelles. Papa a voulu commencer à se rehuiler, mais il n'a pas pu, parce qu'il n'y avait plus d'huile dans la bouteille.

— Je vais aller en acheter au magasin, au bout de la promenade, a dit Papa, et Maman lui a demandé pourquoi il ne
restait pas un peu tranquille.

On a commencé à faire un trou. Un trou magnifique, gros
et profond comme tout. Quand Papa est revenu avec sa
bouteille d'huile, je l'ai appelé et je lui ai dit:

— Tu as vu notre trou, Papa?

— Il est très joli, mon chéri, a dit Papa, et il a essayé de
déboucher sa bouteille d'huile avec ses dents. Et puis un
monsieur avec une casquette blanche est venu et il nous a
demandé si nous avions la permission de faire ce trou dans sa
plage.

— C'est lui qui nous l'a donnée, m'sieur, ont dit tous mes
copains en montrant Papa. Moi j'étais très fier, parce que
je croyais que le monsieur à la casquette allait féliciter Papa.
Mais le monsieur n'avait pas l'air content.

— Vous n'êtes pas un peu fou, non, de donner des idées
comme ça aux gosses? a demandé le monsieur. Papa, qui
travaillait toujours à déboucher sa bouteille d'huile, a dit:

— Et alors? Et alors, le monsieur à la casquette s'est mis à
crier que c'était incroyable que les gens agissaient d'une
façon si inconsciente. Il ajouta qu'on pouvait se casser une
jambe en tombant dans le trou, et qu'à marée haute, les gens
qui ne savaient pas nager perdraient pied et se noieraient dans
le trou.

— Bon, a dit Papa, rebouchez le trou, les enfants. Mais les copains ne voulaient pas reboucher le trou.

— Un trou, a dit Côme, c'est amusant à creuser, mais c'est ennuyeux à reboucher.

— Allez, on va se baigner! a dit Fabrice. Et ils sont tous partis en courant. Moi je suis resté, parce que j'ai vu que Papa avait l'air ennuyé.

— Les enfants! Les enfants! a crié Papa, mais le monsieur à la casquette a dit:

— Laissez les enfants tranquilles et rebouchez-moi ce trou en vitesse!

Et il est parti.

Papa a poussé un grand soupir et il m'a aidé à reboucher le trou. Comme on n'avait qu'une seule petite pelle, ça a pris du temps.

Alors, Maman a dit qu'il était l'heure de rentrer à l'hôtel pour déjeuner, et qu'il fallait se dépêcher pour ne pas être en retard.

22 — Ramasse tes affaires, ta pelle, ton seau et viens, m'a dit

Maman. Moi j'ai pris mes affaires, mais je n'ai pas trouvé mon seau.

– Ça ne fait rien, rentrons, a dit Papa. Mais moi, je me suis mis à pleurer plus fort.

Un seau jaune et rouge et qui faisait des pâtés de sable merveilleux.

– Ne nous énervons pas, a dit Papa, où as-tu mis ton seau? J'ai répondu qu'il était peut-être au fond du trou qu'on venait de boucher. Papa m'a regardé comme s'il voulait me donner une fessée, alors je me suis mis à pleurer plus fort et Papa a dit qu'il allait chercher le seau. Comme nous n'avions toujours que la petite pelle pour les deux, je n'ai pas pu aider Papa et je le regardais creuser quand nous avons entendu une grosse voix derrière nous:

– Est-ce que vous vous moquez de moi?

Papa a poussé un cri, nous nous sommes retournés et nous avons vu le monsieur à la casquette blanche.

– Mais je vous ai interdit de faire des trous, s'est écrié le

monsieur. Papa lui a expliqué qu'il cherchait mon seau. Alors, le monsieur lui en a accordé le droit, mais à condition qu'il rebouche le trou après. Et il est resté là pour surveiller Papa.

– Ecoute, a dit Maman à Papa, je rentre à l'hôtel avec Nicolas. Tu nous rejoindras plus tard. Et nous sommes partis. Papa est arrivé très tard à l'hôtel, il était fatigué, il n'avait pas faim et il est allé se coucher. Je lui ai dit que je venais de retrouver le seau dans ma chambre mais il n'a rien répondu. L'après-midi, il a fallu appeler un docteur, à cause des brûlures de Papa. Le docteur a dit à Papa qu'il devait rester couché pendant deux jours.

– Quelle idée de s'exposer comme ça au soleil sans se mettre de l'huile sur le corps, a dit le docteur.

– Ah! a dit Papa, quand je pense aux copains qui sont restés au bureau!

24   Mais il ne souriait plus du tout en disant ça.

Vocabulaire

la housse   *dust sheet*
décrocher   *to unhook*
se détendre   *to relax*
la pelle   *spade*
déboucher   *to take out the cork*
féliciter   *to congratulate*
la gosse (fam)   *kid*
agir   *to act*
inconscient   *thoughtless*
ajouter   *to add*
à marée haute   *at high tide*
se noyer   *to drown*
reboucher le trou   *to fill in the hole*
creuser   *to dig*
le pâté de sable   *sand castle*
s'énerver   *to become irritated*
la fessée   *slap*
interdire   *to forbid*
accorder le droit à quelqu'un   *to give permission*
la brûlure   *burn*

Questions

1   En vacances, pourquoi se met-on de l'huile sur le corps?
2   Pourquoi l'huile qu'a mise le père de Nicolas n'était-elle pas efficace?
3   Qu'est-ce qui a ennuyé le père d'Irénée?
4   A quoi les enfants ont-ils joué ensuite?
5   Qui était le monsieur à la casquette blanche?
6   Qu'est-ce qu'il a reproché au père de Nicolas?
7   Qu'ont fait les amis de Nicolas au lieu de reboucher le trou?
8   Pourquoi Papa a-t-il mis si longtemps à reboucher le trou?
9   Pour quelles raisons Nicolas a-t-il crié?
10   Comment peut-on se distraire sur la plage?

Malheureusement, il fait souvent mauvais temps en Bretagne. C'est pour cela que le patron de l'hôtel Beau-Rivage surveille avec inquiétude son baromètre, qui mesure la pression atmosphérique de ses pensionnaires …

3 Le boute-en-train

On se plaît bien en vacances sauf quand il pleut. Aujourd'hui, comme tous les mercredis, il y avait des raviolis et des escalopes pour le déjeuner, sauf pour le Papa et la Maman de Côme qui prennent toujours des suppléments et qui ont eu des langoustines. Pendant le repas j'ai dit que je voulais aller à la plage.

— Tu vois bien qu'il pleut, m'a répondu Papa. Tu joueras dans l'hôtel avec tes petits camarades. Moi, j'ai dit que je voulais bien jouer avec mes petits camarades, mais à la plage, alors Papa m'a demandé si je voulais une fessée devant tout le monde. Comme je n'en voulais pas, je me suis mis à pleurer. De la table de Fructueux on entendait des pleurs aussi. Puis la Maman de Blaise a dit au Papa de Blaise que c'était une drôle d'idée de venir passer les vacances dans un endroit où il pleuvait tout le temps. Le Papa de Blaise s'est mis à crier que ce n'était pas son idée à lui, que la dernière idée originale de sa vie était celle de se marier. Irénée a fait tomber par terre sa crème renversée et son Papa lui a donné une gifle. Il y avait tant de bruit dans la salle à manger que le patron de l'hôtel est venu. Celui-ci a dit qu'on allait servir le café dans le salon, qu'il allait mettre des disques et qu'il venait d'entendre à la radio qu'il ferait très chaud le lendemain.

Dans le salon, M. Lanternau a dit:

— Moi, je vais m'occuper des gosses! M. Lanternau est un monsieur très gentil, qui aime bien se faire ami avec tout le monde. Il donne des claques sur les épaules des gens. Papa n'était pas tellement content d'en recevoir une, mais c'était parce que son coup de soleil lui faisait très mal. Le soir où M. Lanternau s'est déguisé avec un rideau et un abat-jour, le patron de l'hôtel a expliqué à Papa que M. Lanternau était un vrai boute-en-train.

— Moi, il ne m'amuse pas, a répondu Papa, et il est allé se coucher. Mme Lanternau, qui est en vacances avec M. Lanternau ne dit jamais rien; mais elle a l'air un peu fatiguée quand même.

M. Lanternau s'est mis debout en levant un bras et il a crié:

— Les gosses! A mon commandement! Tous derrière moi en colonne par un! Prêts? Direction la salle à manger, en avant, marche! Une deux, une deux, une deux! Et M. Lanternau est parti dans la salle à manger, d'où il est ressorti tout de suite, pas tellement content. Et alors il a demandé,

— Pourquoi ne m'avez-vous pas suivi?

— Parce que nous voulons aller jouer sur la plage, a dit Mamert.

– Mais non, mais non, a dit M. Lanternau, il faut être fou pour vouloir aller se faire tremper par la pluie sur la plage! Venez avec moi, on va s'amuser bien mieux que sur la plage. Vous verrez, après vous serez très contents chaque fois qu'il pleut.

– On y va? ai-je demandé à Irénée.

– Oui, a répondu Irénée, allons voir.

Dans la salle à manger, M. Lanternau a écarté les tables et les chaises et il a dit qu'on allait jouer à colin-maillard. Alors, il nous a demandé de lui bander les yeux avec un mouchoir. Mais quand il a vu nos mouchoirs, il a préféré prendre le sien. Après, il a mis les bras devant lui en criant:

– Hou, je vous attrape! Je vous attrape! houhou! en riant beaucoup.

A ce moment, Blaise m'a dit qu'il pouvait battre n'importe qui au jeu de dames. Comme j'y suis très fort, je suis allé dans le salon demander le jeu au patron, pour savoir qui de nous était le plus fort. Tous les copains m'ont suivi. Mais le patron de l'hôtel n'a pas voulu nous prêter les dames. Il a dit que le jeu était pour les grandes personnes et qu'on allait lui perdre des pions. Nous étions tous là à discuter quand nous avons entendu une grosse voix derrière nous:

– Il ne fallait pas sortir de la salle à manger! C'était M. Lanternau qui venait nous chercher et qui nous avait trouvés parce qu'il n'avait plus les yeux bandés. Il était tout rouge et sa voix tremblait un peu, comme celle de Papa, la fois où il m'a vu en train de faire des bulles de savon avec sa nouvelle pipe.

– Bien, a dit M. Lanternau, puisque vos parents sont partis faire la sieste, nous allons rester dans le salon et nous amuser gentiment. Je connais un jeu formidable; nous prenons tous du papier et des crayons, et quand je dirai une lettre il faudra

écrire cinq noms de pays, cinq noms d'animaux et cinq noms de villes. Celui qui perd aura un gage.

M. Lanternau est allé chercher du papier et des crayons. Nous, nous sommes allés dans la salle à manger jouer à l'autobus avec les chaises. Quand M. Lanternau est venu nous chercher, je crois qu'il était un peu fâché.

– Au salon, tous! a-t-il dit.

– Nous allons commencer par la lettre «A», a dit M. Lanternau. Au travail! et il s'est mis à écrire drôlement vite.

– La mine de mon crayon s'est cassée, ce n'est pas juste! a dit Fructueux. Fabrice a crié:

– M'sieur! Côme copie!

– Ce n'est pas vrai, sale menteur! a répondu Côme et Fabrice lui a donné une gifle. D'abord Côme est resté un peu étonné et puis il a commencé à donner des coups de pieds à Fabrice. Comme Fructueux a voulu prendre mon crayon juste quand j'allais écrire «Autriche» je lui ai donné un coup de poing sur le nez. Alors Fructueux a fermé les yeux en donnant des claques partout. Nous faisions tous un bruit formidable quand soudain un cendrier est tombé par terre. Alors le patron de l'hôtel est venu en criant. Nos parents sont venus dans le salon et ils se sont disputés avec nous et avec le patron de l'hôtel. M. Lanternau n'était plus là.

C'est Mme Lanternau qui l'a retrouvé le soir, à l'heure du dîner, assis sur la plage, ayant passé tout l'après-midi à se faire tremper par la pluie.

Et c'est vrai que M. Lanternau est un drôle de boute-en-train, parce que Papa a tellement ri quand il l'a vu revenir à l'hôtel qu'il n'a pas pu manger. Et pourtant, le mercredi soir, c'est de la soupe au poisson!

Vocabulaire

la pression   *pressure*
le supplément   *extra charge (for a particular dish)*
la langoustine   *sea crayfish*
renverser   *to overturn, turn upside down*
se déguiser   *to dress up*
l'abat-jour (m)   *lamp shade*
le boute-en-train (fam)   *the life and soul of the party*
se faire tremper   *to be drenched*
écarter   *to push aside*
jouer à colin-maillard   *to play blind man's buff*
bander les yeux à   *to blindfold*
n'importe qui   *any one*
le jeu de dames   *draughts*
le pion   *piece (draughts)*
la bulle   *bubble*
le gage   *forfeit*
la mine (de graphite)   *lead*
se disputer   *to argue*

Questions

1. D'après ce que vous venez de lire, faites une description d'un boute-en-train.
2. Pourquoi les parents de Nicolas n'ont-ils pas mangé de langoustine pour le déjeuner?
3. Quelle annonce le patron de l'hôtel a-t-il faite après le déjeuner?
4. Qu'est-ce que Monsieur Lanternau a fait pour ennuyer le père de Nicolas?
5. Pourquoi Monsieur Lanternau a-t-il écarté les tables et les chaises dans la salle à manger?
6. Comment joue-t-on à colin-maillard?
7. Pourquoi tous les enfants ont-ils suivi Blaise et Nicolas dans le salon?
8. Le deuxième jeu suggéré par Monsieur Lanternau a-t-il plu davantage aux enfants?
9. Au lieu de faire leur sieste, tous les parents sont descendus dans le salon. Pourquoi?
10. Que faites-vous en vacances lorsqu'il pleut?

Un nouveau professeur de gymnastique est arrivé sur la plage, et tous les parents ont inscrit leurs enfants à son cours. Ils ont pensé, dans leur sagesse de parents, que d'occuper les enfants pendant une heure tous les jours, pouvait faire le plus grand bien à tout le monde.

4 La gym

Hier un nouveau professeur de gymnastique est arrivé.

– Je m'appelle Hector Duval, nous a-t-il dit, et vous?

– Nous pas, a répondu Fabrice, et ça nous a fait tous rire. J'étais sur la plage avec tous les copains de l'hôtel, Blaise, Fructueux, Mamert, Irénée, Fabrice et Côme. Pour la leçon de gymnastique, il y avait beaucoup d'autres garçons; mais comme ils sont de l'hôtel de la Mer et de l'hôtel de la Plage tandis que nous sommes du Beau-Rivage, nous ne les aimons pas.

Le professeur a plié ses bras en nous faisant voir ses gros muscles.

– Vous aimeriez avoir des biceps comme ça? a demandé le professeur.

– Ça m'est égal, a répondu Irénée.

– Moi, je ne trouve pas ça joli, a dit Fructueux, mais Côme a dit qu'il aimerait bien en avoir pour étonner les copains à l'école. Côme m'énerve car il veut toujours se montrer.

Le professeur a dit:

– Eh bien, si vous êtes sages et si vous suivez bien les cours de gymnastique, à la rentrée, vous auriez tous des muscles comme ça.

Alors, le professeur nous a demandé de nous mettre en rang et Côme m'a dit :

— Je parie que tu ne sais pas faire des galipettes comme moi. Et il a fait une galipette. Ça m'a fait rire, parce que j'en fais de très bonnes. Je les lui ai montrées.

— Moi aussi je sais! Moi aussi je sais! a dit Fabrice, mais lui, il ne savait pas. Celui qui les faisait bien, c'était Fructueux, beaucoup mieux que Blaise, en tout cas. Tout le monde faisait des galipettes partout, quand on a entendu de gros coups de sifflet.

— Vous avez fini? a crié le professeur. Je vous ai demandé de vous mettre en rang. Vous aurez toute la journée pour faire les clowns!

Nous nous sommes mis en rang pour ne pas faire d'histoires et le professeur nous a dit qu'il allait nous montrer ce que nous devions faire pour avoir des muscles partout. Il a levé les bras et puis il les a baissés, il les a levés et il les a baissés, il les a levés et un des garçons de l'hôtel de la Mer nous a dit que son hôtel était meilleur que le nôtre.

— Ce n'est pas vrai, a crié Irénée.

— Dans le nôtre, a dit quelqu'un de l'hôtel de la plage, on nous donne de la glace au chocolat tous les soirs!

— Bah! a dit un de ceux de l'hôtel de la Mer, nous en avons à midi aussi et jeudi il y a des crêpes à la confiture!

— Mon Papa, a dit Côme, demande toujours des suppléments et le patron de l'hôtel lui donne tout ce qu'il veut!

— Menteur, ce n'est pas vrai! a dit un garçon de l'hôtel de la Plage.

— Ça va continuer longtemps, votre petite conversation? a dit le professeur de gymnastique, qui ne bougeait plus les bras. Ses narines bougeaient drôlement mais je ne crois pas

que c'est en faisant ça qu'on aura des muscles.

Le professeur s'est passé une main sur la figure. Il a dit qu'on apprendrait plus tard les mouvements de bras et qu'on allait faire des jeux pour commencer. Il est gentil, le professeur!

– Nous allons faire des courses, a-t-il dit. Mettez-vous en rang, là. Vous partirez au coup de sifflet. Le premier arrivé au parasol, là-bas, c'est le vainqueur. Prêts? et le professeur a donné un coup de sifflet. Le seul qui est parti, c'est Mamert, parce que nous autres regardions le coquillage que Fabrice venait de trouver sur la plage; Côme nous a expliqué qu'il en avait un qui était beaucoup plus grand et qu'il allait l'offrir à son Papa pour en faire un cendrier. Alors, le professeur a jeté son sifflet par terre et il a donné des coups de pieds dessus.

– Est-ce que vous allez vous décider à m'obéir? a crié le professeur.

– Eh bien, a dit Fabrice, nous ferons votre course monsieur, il n'y a rien qui presse.

Le professeur a fermé les yeux et les poings, et puis il a levé son nez qui bougeait, vers le ciel. Quand il a baissé la tête, il s'est mis à parler très lentement et très doucement.

– Bon, a-t-il dit, recommençons. Tous prêts pour le départ.

– Ah non, a crié Mamert, ce n'est pas juste! C'est moi qui ai gagné, j'étais le premier au parasol! Il s'est mis à pleurer et à donner des coups de pieds dans le sable. Puis, il est parti en pleurant. Je crois qu'il a bien fait de partir, parce que le professeur le regardait de la même façon que Papa regardait le ragoût qu'on nous a servi hier soir pour le dîner.

– Mes enfants, a dit le professeur, mes chers petits, mes amis, celui qui ne fera pas ce que je lui dirai de faire aura une fessée dont il se souviendra longtemps!

– Vous n'avez pas le droit! a dit quelqu'un.

– Qui a dit ça? a demandé le professeur.

– C'est lui, a dit Fabrice en montrant un garçon de l'hôtel de la Plage, un tout petit garçon.

– Ce n'est pas vrai, sale menteur, a dit le petit garçon et Fabrice lui a jeté du sable à la figure. Alors, le petit garçon lui a donné une claque. A mon avis celui-ci était fort en gymnastique. Alors tout le monde a commencé à se battre.

Quand on a fini de se battre, le professeur, qui était assis sur le sable, s'est levé et il a dit:

– Bien. Nous allons passer au jeu suivant. Tout le monde face à la mer. Au signal, vous allez tous à l'eau! Prêts? Partez!

Ça nous plaisait bien. Tout le monde s'est précipité dans l'eau en s'éclaboussant les uns les autres. Un peu plus tard, comme nous essayions de faire le crawl, nous avons remarqué que le professeur n'était plus là.

Aujourd'hui un nouveau professeur de gymnastique est arrivé.

– Je m'appelle Jules Martin, nous a-t-il dit, et vous?

Les vacances se poursuivent agréablement, et le père de Nicolas n'a rien à reprocher à l'hôtel Beau-Rivage, si ce n'est son râgoût, surtout le soir où il a trouvé un coquillage dedans. Le soleil est revenu, radieux, le jour de la fin des vacances. Il a fallu dire au revoir à tous les amis, faire les bagages et reprendre le train.

Vocabulaire

inscrire   *to enrol*
ça m'est égal   *it's all the same to me*
se montrer   *to assert oneself*
parier   *to bet*
faire des galipettes   *to turn somersaults*
faire des histoires (fam)   *to make a fuss*
la crêpe   *pancake*
le menteur   *liar*
bouger   *to move*
la narine   *nostril*
le coquillage   *shell*
le cendrier   *ash-tay*
il n'y a rien qui presse   *there's no hurry*
le ragoût   *stew*
éclabousser   *to splash*

Questions

1   Y a-t-il des leçons de gymnastique sur la plage dans votre pays?
2   Aimeriez-vous en avoir? Pourquoi?
3   Qu'est-ce que Fructueux ne trouvait pas joli?
4   Selon le professeur que fallait-il faire pour lui ressembler?
5   Qu'ont fait les copains lorsque Monsieur Duval leur a demandé de se mettre en rang la première fois?
6   Pourquoi le professeur a-t-il jeté son sifflet par terre?
7   Pourquoi Mamert a-t-il donné des coups de pieds dans le sable?
8   De quelle façon pensez-vous que le père de Nicolas avait regardé son ragoût?
9   Pourquoi les enfants n'ont-ils pas vu partir le professeur?

10   Si vous aviez le choix, qu'aimeriez-vous manger en vacances?

DEUXIEME PARTIE

Vacances à la colo

Une nouvelle année scolaire, tout aussi studieuse
que la précédente, s'est terminée. C'est avec un
peu de mélancolie que Nicolas, Alceste, Rufus,
Eudes, Geoffroy, Maixent, Joachim, Clotaire et
Agnan se sont dit au revoir, après la distribution
des prix. Mais l'appel des vacances est là, et la
joie revient vite dans les cœurs des écoliers.

Cependant, Nicolas est inquiet; on ne parle pas
de vacances chez lui.

5 Il faut être raisonnable

Ce qui m'étonne c'est qu'à la maison on n'a pas encore parlé de vacances cette année-ci! D'habitude Papa dit qu'il veut aller quelque part et Maman dit qu'elle veut aller ailleurs. Alors, Papa et Maman disent que puisque c'est comme ça ils préfèrent rester à la maison, et puis on va où voulait aller Maman. Mais cette année, rien.

Pourtant, les copains de l'école se préparent tous à partir. Geoffroy, qui a un papa très riche, va passer ses vacances dans la grande maison qu'a son papa au bord de la mer. Geoffroy nous a dit qu'il a un morceau de plage pour lui tout seul, où personne d'autre n'a le droit de venir faire des pâtés.

Agnan, qui est le premier de la classe et le chouchou de la maîtresse, s'en va en Angleterre passer ses vacances dans une école où on va lui apprendre à parler anglais. Il est fou, Agnan.

Alceste va manger des truffes en Périgord, où son papa a un ami qui a une charcuterie. Et c'est comme ça pour tous: ils vont à la mer, à la montagne ou chez leurs grand'mères à la campagne. Il n'y a que moi qui ne sais pas encore où je vais aller.

C'est pour ça qu'à la maison, aujourd'hui, j'ai demandé à

Maman où on allait partir en vacances. Maman a fait une drôle de figure, elle m'a embrassé sur la tête en me disant que nous allions en parler «quand Papa sera de retour, mon chéri».

Alors, je suis allé dans le jardin où j'ai attendu Papa, et quand il est arrivé de son bureau, j'ai couru vers lui; il m'a pris dans ses bras, il m'a fait «Ouplà» et je lui ai demandé où nous allions partir en vacances. Alors, Papa a cessé de rire, il m'a posé par terre et il m'a dit qu'on allait en parler dans la maison, où nous avons trouvé Maman assise dans le salon.

– Je crois que le moment est venu, a dit Papa.

– Oui, a dit Maman, il m'en a parlé tout à l'heure.

– Alors, il faut le lui dire, a dit Papa.

– Eh bien, dis-lui, a dit Maman.

– Pourquoi moi? a demandé Papa; tu n'as qu'à lui dire, toi.

– Moi? C'est à toi à lui dire, a dit Maman; l'idée est de toi.

– Pardon, pardon, a dit Papa, tu étais d'accord avec moi, tu as même dit que ça lui ferait le plus grand bien, et à nous aussi. Tu as autant de raisons que moi de le lui dire.

– Eh alors, ai-je dit, on parle des vacances ou on ne parle pas de vacances? Tous les copains partent et moi je vais avoir l'air d'un guignol si je ne peux pas leur dire où nous allons et ce que nous allons y faire.

Alors, Papa s'est assis dans le fauteuil, il m'a pris par les mains et il m'a tiré contre ses genoux.

– Mon Nicolas est un grand garçon raisonnable, n'est-ce pas? a demandé Papa.

– Oh! oui, a répondu Maman, c'est un homme maintenant!

Moi, je me méfie des personnes qui disent que je suis un grand garçon, parce que d'habitude, quand on me dit ça, c'est qu'on va me faire faire des choses qui ne me plaisent pas.

– Et je suis sûr, a dit Papa, que mon grand garçon aimerait bien aller à la mer!

– Oh! oui, ai-je dit.

– Aller à la mer, nager, pêcher, jouer sur la plage, se promener dans les bois, a dit Papa.

– Il y a des bois, là où on va? ai-je demandé. Alors ce n'est pas là où on était l'année dernière?

– Écoute, a dit Maman à Papa. Je ne peux pas. Je me demande si c'est une si bonne idée. Je préfère y renoncer. Peut-être, l'année prochaine ...

– Non! a dit Papa. Ce qui est décidé est décidé. Un peu de courage, que diable! Et Nicolas va être très raisonnable n'est-ce pas, Nicolas?

Moi j'ai dit que j'allais être très raisonnable. Je voulais bien retourner au bord de la mer car j'aime beaucoup y aller. Je trouve que la promenade dans les bois est moins amusant sauf pour jouer à cache-cache.

– Et on va aller à l'hôtel? ai-je demandé.

– Pas exactement, a dit Papa. Je ... je crois que tu coucheras sous la tente. C'est très bien, tu sais ...

Alors là, j'étais content comme tout.

– Sous la tente, comme les Indiens dans le livre que m'a donné tante Dorothée? ai-je demandé.

– C'est ça, a dit Papa.

– Chic! ai-je crié. Tu me laisseras t'aider à monter la tente? Et à faire du feu pour cuire le repas? Et tu m'apprendras à faire de la pêche sous-marine pour apporter des poissons à Maman? Oh! ça va être chic, chic, chic!

Papa s'est essuyé la figure avec son mouchoir, comme s'il avait très chaud, et puis il m'a dit:

– Nicolas, nous devons parler d'homme à homme. Je te prie d'être très raisonnable.

– Et si tu es bien sage et tu te conduis comme un grand garçon, a dit Maman, ce soir, pour le dessert, il y aura de la tarte.

– Et je ferai réparer ton vélo, comme tu me le demandes depuis si longtemps, a dit Papa. Alors, voilà … Je dois t'expliquer quelque chose …

– Je vais à la cuisine, a dit Maman.

– Non! reste! a dit Papa. Nous le lui dirons ensemble.

Alors Papa a toussé un peu dans sa gorge et puis il m'a dit:

– Nicolas, mon petit, nous ne partirons pas avec toi en vacances. Tu iras seul, comme un grand.

– Comment, seul? ai-je demandé. Vous ne partez pas, vous?

– Nicolas, a dit Papa, je t'en prie, sois raisonnable. Maman et moi, nous irons faire un petit voyage, et comme nous avons pensé que ça ne t'amuserait pas, nous avons décidé que toi tu irais en colonie de vacances. Ça te fera le plus grand bien, tu seras avec des camarades de ton âge et tu t'amuseras beaucoup …

– Bien sûr, c'est la première fois que tu seras séparé de nous, Nicolas, mais c'est pour ton bien, a dit Maman.

– Alors, Nicolas, mon grand … qu'est-ce que tu en dis? m'a demandé Papa.

48   – Chouette! ai-je crié, et je me suis mis à danser dans le

salon. Parce que c'est vrai qu'on se plaît bien aux colonies de vacances: on se fait des copains, on fait des promenades, des jeux et on chante autour d'un grand feu; j'étais tellement content que j'ai embrassé Papa et Maman.

Pour le dessert, la tarte a été très bonne, et j'en ai eu plusieurs fois parce que ni Papa ni Maman n'en ont mangé. Ce qui est drôle, c'est que Papa et Maman me regardaient avec des yeux ronds. Ils avaient même l'air un peu fâchés.

Pourtant, je ne sais pas, moi, mais je crois que j'ai été raisonnable, non?

Vocabulaire

la truffe   *truffle*
la charcuterie   *delicatessen (sometimes specialising in cooked pork products)*
être d'accord   *to agree*
le guignol (fam)   *idiot*
se méfier de   *to be suspicious of*
renoncer à   *to give up*
que diable! (fam)   *hang it!*
jouer à cache-cache   *to play hide and seek*
la colonie de vacances   *holiday camp*
s'essuyer la figure   *to wipe one's face*
chouette!   *great!*

Questions

1   Chez Nicolas, comment décide-t-on des vacances?
2   Où Agnan va-t-il passer ses vacances?
3   Voudriez-vous passer de pareilles vacances en France?
4   Où se trouve le Périgord?
5   Pourquoi ses parents n'ont-ils pas voulu dire à Nicolas où il allait passer ses vacances?
6   Qu'est-ce que c'est qu'une colonie de vacances?
7   Y en a-t-il dans votre pays?
8   Pourquoi Nicolas a-t-il mangé toute la tarte?
9   Pourquoi les parents de Nicolas avaient-ils l'air un peu fâchés?
10   Décrivez vos vacances idéales.

Les préparatifs sont allés bon train, entrecoupés, toutefois, par dix-sept coups de téléphone de la grand'mère de Nicolas. Un seul incident curieux : la mère de Nicolas n'a pas pu cesser de pleurer ...

6 Le départ

Aujourd'hui, je pars en colonie de vacances et je suis bien content. La seule chose qui m'ennuie, c'est que Papa et Maman ont l'air un peu tristes ; c'est sûrement parce qu'ils ne sont pas habitués à rester seuls pendant les vacances.

Maman m'a aidé à faire la valise, avec les chemisettes, les shorts, les espadrilles, les petites autos, le maillot de bain, les serviettes, la locomotive du train électrique, les œufs durs, les bananes, les sandwiches au saucisson et au fromage, le filet à crevettes, le pull à manches longues, les chaussettes et les billes. Bien sûr, on a dû faire quelques paquets aussi parce que la valise n'était pas assez grande.

Moi, j'avais peur de rater le train, et après le déjeuner, j'ai demandé à Papa s'il ne valait pas mieux partir tout de suite pour la gare. Mais Papa m'a dit qu'il était encore un peu tôt, que le train partait à 6 heures du soir et que j'avais l'air bien impatient de les quitter. Et Maman est partie dans la cuisine avec son mouchoir, en disant qu'elle avait quelque chose dans l'œil.

Je ne sais pas ce qu'ils ont, Papa et Maman, d'avoir l'air si malheureux. Tellement malheureux que je n'ose pas leur dire que ça me fait un peu triste quand je pense que je ne vais pas les voir pendant presque un mois. Si je le leur disais, je suis sûr qu'ils se moqueraient de moi et qu'ils me gronderaient.

Moi, je ne savais pas que faire en attendant l'heure de partir, et Maman n'a pas été contente quand j'ai vidé la valise pour prendre les billes qui étaient au fond.

– Le petit ne tient plus en place, a dit Maman à Papa. Au fond, nous ferions peut-être mieux de partir tout de suite.

– Mais, a dit Papa, il manque encore une heure et demie jusqu'au départ du train.

– Bah! a dit Maman, en arrivant en avance, nous trouverons le quai vide et nous éviterons les bousculades et la confusion.

– Si tu veux, a dit Papa.

Nous sommes montés dans la voiture et nous sommes partis. Deux fois, parce que la première fois nous avons oublié la valise à la maison.

A la gare, tout le monde était en avance. Il y avait beaucoup de gens partout, qui criaient et qui faisaient du bruit. On a eu du mal à trouver une place pour mettre la voiture, très loin de la gare. Puis Papa a dû revenir à la voiture pour chercher la valise. A la gare, Papa nous a dit de rester bien ensemble pour ne pas nous perdre. Et puis il a vu un monsieur en uniforme, qui m'a fait rire parce qu'il avait la figure toute rouge et la casquette de travers.

– Pardon, monsieur, a demandé Papa, le quai numéro 11, s'il vous plaît?

– Vous le trouverez entre le quai numéro 10 et le quai numéro 12, a répondu le monsieur. Du moins, il était là-bas la dernière fois que j'y suis passé.

– Dites donc, vous … a dit Papa; mais Maman a dit qu'il ne fallait pas s'énerver ni se disputer, qu'on trouverait bien le quai tout seul.

Nous sommes arrivés devant le quai, qui était tout plein de   53

monde et Papa a acheté trois tickets de quai pour lui et pour
Maman. Il en a acheté deux d'abord et ensuite un quand il
est retourné chercher la valise qui était toujours devant la
machine qui donne les tickets.

— Bon, a dit Papa, restons calmes. Nous devons aller devant
la voiture Y.

Comme le wagon qui était le plus près de l'entrée du quai
était la voiture A, on a dû marcher longtemps; ce n'était pas
facile à cause des gens, et des voitures pleines de valises et de
paniers.

Devant le wagon Y, il y avait beaucoup de garçons de
mon âge, accompagnés de leurs parents. Il y avait aussi un

monsieur qui tenait une pancarte sur laquelle était écrit
«Camp Bleu»; c'est le nom de la colonie de vacances où je
vais. Tout le monde criait. Le monsieur à la pancarte avait
des papiers dans la main, Papa lui a dit mon nom, le monsieur
a cherché dans ses papiers et il a crié:

– Lestouffe! Encore un pour votre équipe!

Et on a vu arriver un grand qui devait avoir au moins dix-
sept ans.

– Bonjour, Nicolas, a dit le grand. Je m'appelle Gérard
Lestouffe et je suis ton chef d'équipe. Notre équipe, c'est
l'équipe Œil de Lynx.

Et il m'a donné la main.

– Nous vous le confions, a dit Papa avec un sourire.

– Ne craignez rien, a dit mon chef; quand il reviendra vous
ne le reconnaîtrez pas.

Et puis Maman a encore eu quelque chose dans l'œil et
elle a dû sortir son mouchoir. Une dame, qui tenait par la
main un petit garçon qui ressemblait à Agnan, surtout à
cause des lunettes, s'est approchée de mon chef et elle lui a
dit:

– Vous n'êtes pas un peu jeune pour prendre la responsa-
bilité de surveiller des enfants?

– Mais non, madame, a répondu mon chef. Je suis moniteur
diplômé; vous n'avez rien à craindre.

– Ah oui, a dit la dame, enfin ... et comment faites-vous
la cuisine?

– Pardon? a demandé mon chef.

– Oui, a dit la dame, vous cuisinez au beurre, à l'huile, à la
graisse? Parce que je vous préviens tout de suite, le petit ne
supporte pas la graisse. C'est bien simple: si vous voulez le
rendre malade, donnez-lui de la graisse!

56   – Mais madame ... a dit mon chef.

– Et puis, a dit la dame, faites-lui prendre son médicament avant chaque repas, mais surtout pas de graisse ; ce n'est pas la peine de leur donner des médicaments si c'est pour les rendre malades. Et faites bien attention qu'il ne tombe pas pendant les escalades.

– Les escalades ? a demandé mon chef, quelles escalades ?

– Eh bien, celles que vous ferez en montagne ! a répondu la dame.

– En montagne ? a dit mon chef. Mais il n'y a pas de montagnes où nous allons, à Plage-les-Trous.

– Comment ! Plage-les-Trous ? a crié la dame. On m'a dit que les enfants allaient à Sapins-les-Sommets. Quelle organisation ! Bravo ! Je disais bien que vous étiez trop jeune pour ...

– Le train pour Sapins-les-Sommets, c'est à la voie 4, madame, dit un monsieur en uniforme, qui passait. Et vous feriez bien de vous dépêcher, il part dans trois minutes.

– Oh ! mon Dieu ! a dit la dame, je n'aurai même pas le temps de leur faire des recommandations !

Et elle est partie en courant avec le garçon qui ressemblait à Agnan.

Et puis on a entendu un gros coup de sifflet et tout le monde est monté dans les wagons en criant. Le monsieur en uniforme est allé voir le monsieur à la pancarte et il lui a demandé d'empêcher le petit imbécile qui jouait avec un sifflet de mettre la pagaille partout. Alors, il y en a qui sont descendus des wagons, et ce n'était pas facile à cause de ceux qui montaient. Il y avait des garçons qui pleuraient et d'autres qui se sont fait gronder parce qu'ils jouaient au football sur le quai. On n'a même pas entendu le monsieur en uniforme qui sifflait, il en avait la figure toute foncée, comme s'il revenait

de vacances. Tout le monde a embrassé tout le monde et le train est parti pour nous emmener à la mer.

Moi, je regardais par la fenêtre, et je voyais mon Papa et ma Maman, tous les Papas et toutes les Mamans, qui nous faisaient «au revoir» avec leurs mouchoirs. J'avais de la peine. Mais après tout, j'étais sûr que j'allais passer de très bonnes vacances.

Quant à la valise, Papa et Maman se débrouilleront sûrement pour me la faire porter par un autre train.

Vocabulaire

aller bon train   *to go quickly*
entrecoupé   *interrupted*
l'espadrille (f)   *canvas shoe (with rope sole)*
le filet à crevettes   *shrimp net*
le pull   *pullover*
la bille   *marble*
rater   *to miss*
oser   *to dare*
il ne tient plus en place   *he can't keep still any longer*
éviter   *to avoid*
la bousculade   *crush*
de travers   *askew*
la pancarte   *placard*
il ne supporte pas la graisse   *he can't eat fat*
le médicament   *medicine*
l'escalade (f)   *climb*
mettre la pagaille (fam) partout   *to put everything into confusion*
foncé   *dark*
quant à   *as for*

Questions

1   Qu'y avait-il dans la valise de Nicolas?
2   Y a-t-il autant de choses dans la vôtre lorsque vous partez en vacances?
3   En attendant l'heure de partir pour la gare, comment Nicolas s'est-il amusé?
4   Pourquoi la mère de Nicolas voulait-elle arriver en avance à la gare?
5   Avait-elle raison?
6   Pourquoi le père de Nicolas a-t-il acheté trois tickets de quai?
7   Quelles recommandations aurait voulu faire la dame au chef d'équipe de Sapins-les-Sommets?
8   Pourquoi le monsieur qui sifflait avait-il la figure toute foncée?
9   Nicolas était-il content de quitter ses parents?
10   Combien de fois sa valise a-t-elle été oubliée?

Nicolas est parti tout seul à la colo. Et s'il a eu un
moment de faiblesse en voyant ses parents devenir
tout petits, là-bas, au bout du quai de la gare,
Nicolas retrouvera le bon moral qui le caractérise,
grâce au cri de ralliement de son équipe ...

7 Courage !

Le voyage en train s'est très bien passé ; ça prend toute une nuit pour arriver à destination. Dans le compartiment où nous étions, notre chef d'équipe, qui s'appelle Gérard Lestouffe, nous a dit de dormir et d'êtres sages pour arriver bien reposés au camp le lendemain matin. Il avait bien raison. Je dis notre chef d'équipe, parce qu'on nous a expliqué que nous serions des équipes de douze, avec un chef. Notre équipe s'appelle l'équipe «Œil-de-Lynx», et notre chef nous a dit que notre cri de ralliement est : «Courage !»

Bien sûr, on n'a pas pu beaucoup dormir. Il y en avait un qui pleurait tout le temps et qui disait qu'il voulait rentrer chez son Papa et sa Maman. Alors, un autre lui a dit qu'il n'était qu'une fille. Alors, celui qui pleurait lui a donné une gifle et ils se sont mis à pleurer à deux, surtout quand le chef leur a dit qu'il allait les faire voyager debout dans le couloir s'ils continuaient. Et puis, aussi, le premier qui a commencé à sortir des provisions de sa valise a donné faim aux autres et tout le monde s'est mis à manger. Alors, il y avait des miettes de biscottes partout. Puis quelques uns sont allés au bout du wagon et il y en a un qui n'est pas revenu parce que la porte s'était coincée. Il a fallu appeler le contrôleur pour ouvrir la porte, et tout le monde s'énervait, parce que celui qui était dedans pleurait.

Puis, quand le garçon est sorti le chef nous a dit de revenir tous dans le compartiment, parce que tout le monde voulait voir ce qui se passait. Alors, un monsieur a sorti sa tête rouge d'un compartiment en disant que si on n'arrêtait pas ce vacarme, il allait se plaindre à la S.N.C.F., où il avait un ami qui avait une bonne situation.

Nous nous sommes relayés pour dormir, et le matin nous sommes arrivés à Plage-les-Trous, où des cars nous attendaient pour nous conduire au camp. Notre chef n'avait pas l'air trop fatigué. Pourtant, il a passé la nuit à courir dans le couloir, à faire ouvrir trois fois la porte du bout du wagon; deux fois pour faire sortir des garçons qui y étaient coincés et une fois pour le monsieur qui avait un ami à la S.N.C.F., et qui a donné sa carte de visite à notre chef, pour le remercier.

Dans le car, tout le monde criait et le chef nous a dit qu'au lieu de crier, nous ferions mieux de chanter. Il nous a fait chanter «Là-haut sur la montagne» et «Sur la route de Louviers». Puis après, le chef nous a dit qu'au fond il préférait nous entendre crier, et puis nous sommes arrivés au camp.

Tout d'abord, j'ai été un peu déçu. Le camp est joli, bien sûr: il y a des arbres, il y a des fleurs, mais il n'y a pas de tentes. On va coucher dans des maisons en bois, et c'est dommage, parce que je croyais qu'on allait vivre dans des 63

tentes, comme des Indiens. On nous a emmenés au milieu du camp, où deux messieurs nous attendaient. L'un n'avait pas de cheveux et l'autre avait des lunettes, mais tous les deux portaient des shorts. Le monsieur chauve nous a dit:

– Mes enfants, je suis heureux de vous accueillir dans le Camp Bleu, où je suis sûr que vous passerez d'excellentes vacances, dans une ambiance de saine camaraderie, et où nous vous préparerons pour votre avenir d'hommes. Je suis M. Rateau, le chef du camp, et ici je vous présente M. Genou, notre économe, qui vous demandera parfois de l'aider dans son travail. Je compte sur vous pour obéir à ces grands frères que sont vos chefs d'équipe, et qui vous conduiront maintenant à vos baraques respectives. Et dans dix minutes, rassemblement pour aller à la plage, pour votre première baignade.

Et puis quelqu'un a crié:

– Pour le Camp Bleu, hip hip! et tout le monde a répondu:

– Hourrah. Trois fois comme ça.

Notre chef nous a emmenés, les douze de l'équipe Œil-de-Lynx, jusqu'à notre baraque. Il nous a dit de choisir nos lits, de nous installer et de mettre nos maillots. Il viendrait nous chercher dans huit minutes.

– Bon, a dit un grand garçon, moi je prends le lit près de la porte.

– Et pourquoi, je vous prie? a demandé un autre garçon.

– Parce que je l'ai vu le premier et parce que je suis le plus
fort de tous, voilà pourquoi, a répondu le grand garçon.

– Non, monsieur; non, monsieur! a chanté quelqu'un
d'autre. Le lit près de la porte, il est à moi! J'y suis déjà!

– Moi aussi, j'y suis déjà! ont crié deux autres garçons.

– Sortez de là, ou je vais me plaindre, a crié le grand
garçon.

Nous étions huit sur le lit et nous étions sur le point de
nous battre quand notre chef est entré, en slip de bains, avec
des muscles partout.

– Alors? a-t-il demandé. Qu'est-ce que ça veut dire? Vous
n'êtes pas encore en slip? Vous faites plus de bruit que ceux
de toutes les autres baraques réunis. Dépêchez-vous!

– C'est à cause de mon lit ... a commencé à expliquer le
grand garçon.

– Nous nous occuperons des lits plus tard, a dit le chef;
maintenant, mettez vos slips. On nous attend pour le rassemblement!

Moi je ne veux pas me déshabiller devant tout le monde!
Moi je veux rentrer chez mon Papa et ma Maman! a dit un
garçon, qui s'appelle Paulin, et il s'est mis à pleurer.

– Allons, allons, a dit le chef. Voyons, Paulin, souviens-toi
du cri de ralliement de notre équipe: «Courage» Et puis,
tu es un homme maintenant, tu n'es plus un gamin.

– Si! Je suis un gamin! Je suis un gamin! Je suis un gamin!
a dit Paulin, et il s'est roulé par terre en pleurant.

– Chef, ai-je dit, je ne peux pas me mettre en slip, parce
que mon Papa et ma Maman ont oublié de me donner ma
valise à la gare.

Le chef s'est frotté les joues avec les deux mains et puis il
a dit qu'il y aurait sûrement un camarade qui me prêterait
un slip.

65

5

– Non monsieur, a dit un garçon. Ma Maman m'a dit qu'il ne fallait pas prêter mes affaires.

Celui-là a bien mérité la gifle que je lui ai donné.

– Chef! chef! a crié quelqu'un. Toute la confiture s'est renversée dans ma valise. Qu'est-ce que je fais?

Et puis nous avons vu que le chef n'était plus avec nous dans la baraque.

Quand nous sommes sortis, nous étions tous en slip; un copain qui s'appelle Bertin m'a prêté le sien; nous étions les derniers au rassemblement. C'était drôle à voir, parce que tout le monde était en slip.

Le seul qui n'était pas en slip, c'était notre chef. Il était en costume, avec un veston, une cravate et une valise. M. Rateau était en train de lui parler, et il lui disait:

– Revenez sur votre décision, mon petit; je suis sûr que vous saurez les reprendre en main. Courage!

Vocabulaire

la miette   *crumb*
la biscotte   *rusk*
être coincé   *to be stuck*
le contrôleur   *inspector*
le vacarme   *din*
la S.N.C.F. = la Société Nationale des Chemins de Fer Français
se relayer   *to take turns*
le car   *coach*
déçu   *disappointed*
chauve   *bald*
accueillir   *to welcome*
l'ambiance (f)   *atmosphere*
l'avenir (m)   *future*
l'économe (m)   *bursar*
la baraque   *hut*
la baignade   *bathe, bathing*
frotter   *to rub*
s'occuper de   *to see to*
reprendre en main   *to regain control*

Questions

1   Comment est constituée une équipe?
2   Qu'est-ce que c'est qu'un cri de ralliement?
3   Qu'ont fait les enfants au lieu de dormir?
4   Pourquoi Nicolas fut-il un peu déçu en arrivant au camp?
5   Qui était le monsieur chauve?
6   Pourquoi les garçons se sont-ils tous battus une fois entrés dans la baraque?
7   Qu'est-ce qui a fait pleurer Paulin?
8   Pourquoi Nicolas ne pouvait-il pas se mettre en slip de bains?
9   Quelle autre plainte avait-il?
10 Quelle décision a prise Gérard Lestouffe?

69

La vie de la colo s'organise; la vie qui fera des hommes de Nicolas et de ses amis. Même leur chef d'équipe, Gérard Lestouffe, a changé depuis le jour de l'arrivée; il a appris à se maîtriser pour ne pas laisser la panique avoir de prise sur lui ...

8 La baignade

Dans le camp où je passe mes vacances, on fait beaucoup de choses pendant la journée :

Le matin, on se lève à 8 heures. D'abord, il faut s'habiller VITE et puis on va au rassemblement. Là, on fait de la gymnastique, une deux, une deux; puis après, on court pour faire sa toilette. Alors, ceux qui sont de service se dépêchent d'aller chercher le petit déjeuner. Après avoir mangé, tout le monde court aux baraques pour faire les lits, mais on ne les fait pas comme à la maison; on prend les draps et les couvertures, on les plie en quatre et on les met sur le matelas. Après ça, il y a les services, aller chercher des choses pour M. Genou, l'économe.

Puis, après le rassemblement on part à la plage pour la baignade. Après, il y a rassemblement de nouveau et on rentre au camp pour déjeuner. Le déjeuner fini, on chante : « En passant par la Lorraine avec mes sabots ». Puis il faut aller faire la sieste; ce n'est pas tellement amusant, mais c'est obligatoire, même si on trouve des excuses. Pendant la sieste, notre chef d'équipe nous surveille et nous raconte des histoires. Et puis, il y a un autre rassemblement et on retourne au camp pour le dîner. Après le dîner, on chante de nouveau, quelquefois autour d'un grand feu, et si on n'a pas de jeux de nuit,

on va se coucher et il faut vite éteindre la lumière et dormir. Le reste du temps, on peut faire ce qu'on veut.

Ce que j'aime le mieux, moi, c'est la baignade. Nous y allons tous avec nos chefs d'équipe et la plage est pour nous. C'est à dire qu'il y a d'autres personnes qu'y viennent, mais ils ne restent pas longtemps, peut-être à cause du bruit qu'on fait.

Nous sommes rangés par équipes. La mienne s'appelle l'équipe Œil-de-Lynx. Le chef d'équipe nous fait mettre autour de lui, et puis il nous dit:

– Bon. Je ne veux pas d'imprudences. Vous allez rester tous groupés. Ne vous éloignez pas trop du bord. Au coup de sifflet, vous retournez sur la plage. Je veux vous voir tous! Interdiction de nager sous l'eau! Celui qui n'obéit pas sera privé de baignade. Allez, pas de gymnastique, tous à l'eau! Et notre chef d'équipe a donné un coup de sifflet et nous sommes tous allés avec lui dans l'eau.

Puis on a vu que quelqu'un de l'équipe n'était pas dans l'eau. C'était Paulin qui ne voulait pas se baigner.

– Allons, Paulin! Viens! a crié notre chef d'équipe.

– Non, a crié Paulin. J'ai peur! Il s'est roulé sur le sable en criant qu'il était très malheureux.

72

– Bon, a dit le chef, restez groupés et ne bougez pas, je vais
aller chercher votre camarade.

Le chef est sorti de l'eau pour aller parler à Paulin.

– Mais enfin, petit, lui a-t-il dit, il ne faut pas avoir peur.

– Si, il faut! a crié Paulin, Si, il faut!

– Il n'y a aucun danger, a dit le chef. Viens, donne-moi
la main, nous entrerons ensemble dans l'eau et je ne te
lâcherai pas.

Paulin lui a donné la main en pleurant et il s'est fait tirer
jusqu'à l'eau. Quand il a eu les pieds mouillés, il s'est mis à
faire:

– Hou! Hou! C'est froid! J'ai peur! Je vais mourir! Hou!

– Mais puisque je te dis qu'il n'a aucun … a commencé à
dire le chef; et puis il a ouvert de grands yeux et il a crié:

– Qui c'est, celui qui nage là-bas, vers la bouée?

– C'est Crépin, a dit quelqu'un de l'équipe; il nage très
bien, il nous a parié qu'il allait jusqu'à la bouée.

Le chef a lâché la main de Paulin et il s'est mis à courir
dans l'eau et à nager en criant:

– Crépin! Ici! Tout de suite! Il a essayé de siffler en même
temps, mais ça n'a fait qu'un bruit de bulles.

Paulin s'est mis à crier:

73

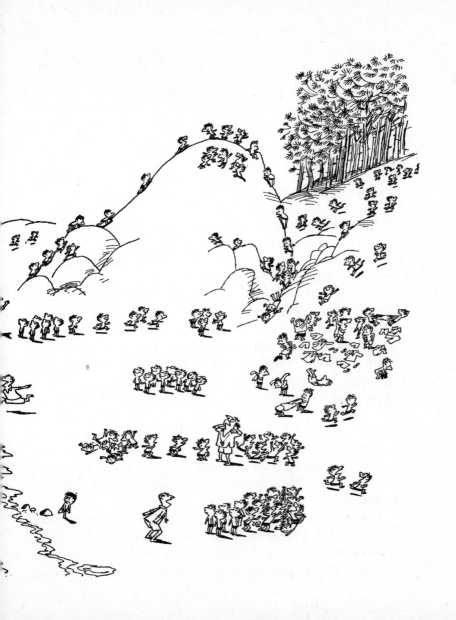

– Ne me laissez pas seul! Je vais me noyer! Hou! Hou! Papa! Maman! Hou! Nous avons tous beaucoup ri, car il n'avait que les pieds dans l'eau.

Le chef est revenu avec Crépin, qui était tout fâché parce qu'il ne voulait pas sortir de l'eau. Et puis le chef a commencé à nous compter, ce qui n'était pas facile. Ayant perdu son sifflet en allant chercher Crépin, il a dû crier:

– Equipe Œil-de-Lynx! Rassemblement! Equipe Œil-de-Lynx! Courage! Courage!

Et puis un autre chef d'équipe est venu et lui a dit:

– Dis, Gérard, braille un peu moins fort, mes gars n'entendent plus mes coups de sifflet. Il faut dire que les chefs d'équipe faisaient un drôle de bruit en sifflant, en criant et en appelant. Le chef nous a comptés, et il a vu que nous étions tous là. Alors il a envoyé Gualbert rejoindre Crépin sur la plage, parce qu'il était dans l'eau jusqu'au menton, et il criait:

– Je suis tombé dans un trou! Au secours! Je suis tombé dans un trou! Mais la vérité, c'est qu'il était accroupi. Je l'aime bien, Gualbert.

Puis les chefs d'équipe ont décidé de terminer la baignade ce matin et ils se sont mis à crier et à siffler:

– Rassemblement par équipes sur la plage!

76   Nous nous sommes mis en rang et notre chef nous a comptés.

– Onze! a-t-il dit. Il en manque un! C'était Paulin, qui était assis dans l'eau et qui ne voulait pas en sortir.

– Je veux rester dans l'eau! criait-il. Si je sors, j'aurai froid! Je veux rester!

Le chef, qui avait l'air de s'énerver, l'a ramené en le tirant par le bras, et Paulin criait qu'il voulait rentrer chez son Papa, chez sa Maman, et dans l'eau. Et puis, quand le chef nous a comptés de nouveau, il a vu qu'il en manquait encore un.

– C'est Crépin ... lui a-t-on dit.

– Il n'est pas reparti dans l'eau? a demandé notre chef, qui est devenu tout pâle.

Mais le chef de l'équipe à côté de la nôtre lui a dit:

– J'en ai un de trop, il ne serait pas à toi, par hasard? Et c'était Crépin, qui voulait parler à un ami qui avait une plaque de chocolat.

Quand le chef est revenu avec Crépin, il nous a comptés de nouveau, et il a vu que nous étions treize.

– Lequel n'est pas de l'équipe Œil-de-Lynx? a demandé le chef.

– Moi, m'sieur, a dit un petit type qu'on ne connaissait pas.

– Et tu es de quelle équipe, a dit le chef, celle des Aiglons? celle des Jaguars?

– Non, a dit le petit type, je suis de l'hôtel Bellevue. Mon Papa, c'est celui qui dort, là-bas sur la jetée.

Et le petit type a appelé:

– Papa! Papa! Et le monsieur qui dormait a levé la tête et puis tout doucement il est venu vers nous.

– Qu'est-ce qu'il y a encore, Bobo? a demandé le monsieur.

Alors, notre chef d'équipe a dit:

– Votre petit est venu jouer avec nos enfants. On dirait que

ça le tente, les colonies de vacances.

Alors, le monsieur a dit:

– Oui, mais je ne l'y enverrai jamais. Je ne veux pas vous vexer, mais sans les parents, j'ai l'impression que les enfants ne sont pas surveillés.

Vocabulaire

se maîtriser *to control oneself*
la prise *grip, control*
être de service *to be on duty*
la baignade *bathing*
obligatoire *compulsory*
le reste *remainder*
s'éloigner *to move away*
interdiction de ... *it is forbidden to . . .*
pas de gymnastique *at the double*
le gars (fam) *fellow, lad*
lâcher *to let go*
mouillé *wet*
la bouée *buoy*
brailler *to bray*
accroupi *crouching*
la plaque de chocolat *bar of chocolate*
se comporter *to behave*
la sanction *punishment*

Questions

1 Décrivez la vie journalière dans une colonie de vacances.
2 Quelle est la fonction d'un économe?
3 Comment les garçons devraient-ils se comporter dans l'eau?
4 Quelle serait la sanction pour celui qui n'observerait pas ces règles?
5 Pourquoi pleurait Paulin?
6 Comment le chef l'a-t-il rassuré?
7 Quel pari a fait Crépin?
8 Pourquoi tous les chefs d'équipe faisaient-ils tant de bruit?
9 Gualbert est-il véritablement tombé dans un trou?
10 Quels problèmes doit surmonter un chef d'équipe?

79

S'il y a une chose que M. Râteau, le chef de la colo, aime bien, c'est les promenades en forêt. C'est pour cela que M. Rateau a attendu la fin du dîner avec impatience pour exposer sa petite idée ...

9 La pointe des Bourrasques

Hier, après le dîner, M. Rateau, qui est le chef de la colonie de vacances, nous a tous réunis et nous a dit:

– Demain, nous allons tous partir en excursion à la pointe des Bourrasques. A pied, à travers les bois, sac au dos, comme des hommes. Ce sera pour vous une splendide promenade et une expérience exaltante.

Et. M. Rateau nous a dit que nous partirions de très bonne heure le matin et que M. Genou, l'économe, nous donnerait des casse-croûte avant de partir. Alors nous avons tous crié:

– Hip, hip, hourrah, trois fois, et nous sommes allés nous coucher très énervés.

Le matin, à 6 heures, notre chef d'équipe est venu dans notre baraque pour nous réveiller, et il a eu beaucoup de mal.

– Mettez vos grosses chaussures et prenez un chandail, nous a dit notre chef. Et n'oubliez pas la musette pour mettre le casse-croûte. Emportez le ballon de volley, aussi.

– Chef, chef, a dit Bertin, je peux emporter mon appareil de photos?

– Bien sûr, Bertin, a dit le chef, comme ça tu prendras des photos de nous tous sur la pointe des Bourrasques. Ce sera un bon souvenir !

– Hé les gars ! Hé les gars ! a crié Bertin tout fier, vous avez entendu ? Je vais prendre des photos !

Puis le chef nous a dit de nous dépêcher pour ne pas être en retard pour le rassemblement.

Nous avons pris le petit déjeuner et ensuite nous sommes allés en file devant la cuisine, où M. Genou donnait à chacun un casse-croûte et une orange. Ça a pris assez de temps, et M. Genou commençait à s'énerver. Surtout quand Paulin a soulevé le pain et il a dit :

– M'sieur, il y a du gras.

– Eh bien, tu n'auras qu'à le manger, a dit M. Genou.

– A la maison, a dit Paulin, ma Maman ne me donne jamais de gras. D'ailleurs, je ne l'aime pas, moi.

– Alors, tu n'auras qu'à le laisser, le gras, a dit M. Genou.

– Mais j'aurais faim plus tard, a dit Paulin. Ce n'est pas juste ! Moi je veux rentrer chez moi.

Mais ça s'est arrangé parce que Gualbert, qui n'avait pas de gras, a changé son casse-croûte contre celui de Paulin.

Nous sommes sortis du camp, avec M. Rateau devant et tous les autres rangés par équipes avec leurs chefs, derrière lui. C'était comme un vrai défilé ; nous avons chanté très fort parce que nous étions très fiers.

Ce qui est dommage, c'est que comme il était tôt le matin, il n'y avait personne pour nous voir, surtout quand nous sommes passés devant les hôtels où les autres gens sont en vacances. Il y a tout de même une fenêtre qui s'est ouverte et un monsieur a crié :

– Vous n'êtes pas un peu fous de crier comme ça à cette
heure-ci ?

Puis, nous sommes sortis de la route et nous avons traversé un champ. Il y en avait parmi nous qui ne voulaient pas le traverser parce qu'il y avait trois vaches: mais on nous a dit que nous étions des hommes, qu'il ne fallait pas avoir peur et on nous a forcés à y aller. Les seuls qui chantaient étaient M. Rateau et les chefs d'équipe. Nous avons recommencé en chœur quand nous sommes sortis du champ pour entrer dans les bois.

Les bois sont très jolis en été. Il y a tant de feuilles qu'on ne voit pas le ciel et il ne fait pas clair du tout; il n'y a même pas de chemin. On a dû s'arrêter parce que Paulin s'est roulé par terre en criant qu'il avait peur de se perdre et d'être mangé par les bêtes des bois.

— Ecoute, petit gars, a dit notre chef d'équipe, tu es insupportable! Regarde tes camarades, est-ce qu'ils ont peur, eux?

Puis quelqu'un d'autre a dit que lui aussi il avait peur. Alors, il y en avait trois ou quatre qui faisaient semblant de pleurer.

M. Rateau est venu en courant et il nous a réunis autour de lui, ce qui n'était pas facile à cause des arbres. Il nous a expliqué que nous devions agir comme des hommes et il nous a dit qu'il y avait plusieurs façons de retrouver la route. D'abord il y avait la boussole, puis le soleil, les étoiles et la mousse sur les arbres. D'ailleurs lui, il connaissait bien le chemin. Alors, en avant marche!

Les copains se sont un peu éloignés dans les bois et il a fallu les réunir avant de partir. Il y en avait deux qui jouaient à cache-cache. Nous en avons retrouvé un tout de suite, mais nous avons dû crier «Pouce» pour faire sortir l'autre de derrière son arbre. Il y en avait un autre qui cherchait des champignons, trois qui jouaient au volley-ball et Gualbert

qui a eu du mal à descendre de l'arbre où il mangeait des cerises. Et quand tout le monde était là et qu'on allait se remettre à marcher, Bertin a crié:

– Chef! Il faut rentrer au camp! J'ai oublié mon appareil de photos!

Comme Crépin s'est mis à rire, ils ont commencé à se battre, mais ils se sont arrêtés quand notre chef d'équipe a crié:

– Assez, ou c'est la fessée! Nous étions tous très étonnés; c'était la première fois que notre chef d'équipe criait comme ça.

On a marché très longtemps dans les bois. On commençait à être fatigué, et puis on s'est arrêté. M. Rateau s'est gratté la tête et puis il a réuni les chefs d'équipe autour de lui. Ils faisaient tous des gestes en montrant des directions différentes, et j'ai entendu M. Rateau qui disait:

84   – C'est drôle, ils ont dû faire des coupes depuis l'année

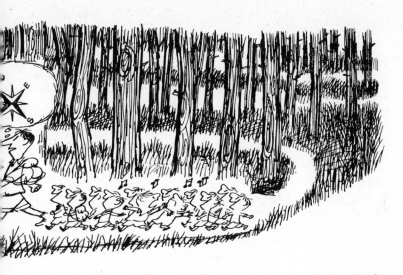

dernière, je ne retrouve plus mes repères. Et puis, à la fin, il a mis un doigt dans sa bouche, il l'a levé en l'air et il s'est remis à marcher et nous l'avons suivi. C'est drôle, je me demande pourquoi il ne nous a pas parlé de ce système pour retrouver son chemin tout à l'heure.

Et puis, après avoir beaucoup marché, nous sommes enfin sortis des bois et nous avons retraversé le champ. Mais les vaches n'y étaient plus, sans doute à cause de la pluie qui tombait. Alors, nous avons couru jusqu'à la route, et nous sommes entrés dans un garage, où nous avons mangé nos casse-croûte, nous avons chanté et nous avons bien ri. Puis, quand la pluie a cessé de tomber, comme il était très tard, nous sommes rentrés au camp. Mais M. Rateau nous a dit qu'il ne se tenait pas pour battu, que demain ou après-demain, nous irions à la pointe des Bourrasques.

En car …

Vocabulaire

le casse-croûte *snack*
le chandail *sweater*
la musette *haversack*
le défilé *procession*
chanter en chœur *to sing in chorus*
faire semblant de *to pretend*
agir *to behave*
la boussole *compass*
la mousse *moss*
Pouce! (fam) *Pax!*
la cerise *cherry*
faire des coupes *to cut down some trees*
le (point de) repère *landmark*
se désorienter *to lose one's way*
il ne se tient pas pour battu *he doesn't admit defeat*

Questions

1. Quels vêtements fallait-il prendre pour la promenade en bois?
2. En quoi consistait le casse-croûte?
3. Qu'est-ce que c'est qu'un défilé?
4. Pourquoi quelques-uns des garçons ne voulaient-ils pas traverser le champ?
5. Comment peut-on retrouver sa route lorsqu'on s'est désorienté?
6. Monsieur Rateau avait-il raison de dire qu'il connaissait bien le chemin?
7. Quels sont vos points de repère quand vous allez à l'école?
8. Pourquoi le chef d'équipe se fâchait-il tellement?
9. De quelle punition les a-t-il menacés?
10. Pourquoi les garçons ne sont-ils pas allés jusqu'à la pointe des Bourrasques?

Mon chéri,
Nous ésperons que tu es bien sage, que tu manges tout ce qu'on te donne et que tu t'amuses bien. Repose-toi bien après le déjeuner tous les jours. Si on te laissait faire, nous te connaissons, mon poussin, tu voudrais jouer même la nuit. Heureusement que tes supérieurs sont là pour te surveiller, et il faut toujours leur obéir ...

(*Extrait d'une lettre des parents de Nicolas à Nicolas*)

10 Jeu de nuit

Hier soir, pendant le dîner, M. Rateau, qui est le chef du camp, parlait avec nos chefs d'équipe et ils se disaient beaucoup de choses à voix basse en nous regardant de temps en temps. Et puis, après le dessert – de la confiture de groseilles – on nous a dit d'aller vite nous coucher.

Notre chef d'équipe est venu nous voir dans notre baraque. Il nous a demandé si nous nous portions bien et puis il nous a dit de nous endormir bien vite, parce que nous aurions besoin de toutes nos forces.

– Pour quoi faire, chef? a demandé Calixte.

– Vous verrez, a dit le chef, et puis il nous a dit bonne nuit et il a éteint la lumière.

Moi, je sentais bien que cette nuit n'était pas comme les autres nuits et j'étais bien trop énervé pour dormir.

Je me suis réveillé tout d'un coup en entendant des cris et des coups de sifflet.

– Jeu de nuit! Jeu de nuit! Rassemblement pour le jeu de nuit! criait-on dehors.

Nous nous sommes tous assis dans nos lits sauf Gualbert, qui dormait toujours, et Paulin qui avait peur et qui se cachait sous sa couverture.

Puis la porte de notre baraque s'est ouverte et notre chef

d'équipe est entré. Il a allumé la lumière et il nous a dit de nous habiller tous en vitesse pour aller au rassemblement pour le jeu de nuit, et de bien nous couvrir avec nos chandails. Alors, Paulin a sorti sa tête de dessous sa couverture et il s'est mis à crier qu'il avait peur de sortir la nuit, et que de toutes façons son Papa et sa Maman ne le laissaient jamais sortir la nuit, et qu'il n'allait pas sortir la nuit.

– Bon, a dit notre chef d'équipe, tu n'as qu'à rester ici.

Alors, Paulin s'est levé et il a été le premier à être prêt parce qu'il disait qu'il avait peur de rester seul dans la baraque.

On a fait le rassemblement au milieu du camp, et comme il était très tard la nuit et qu'il faisait noir, on n'y voyait pas beaucoup, malgré les lumières qui brillaient.

M. Rateau nous attendait.

– Mes chers enfants, nous a dit M. Rateau, nous allons faire un jeu de nuit; M. Genou, notre économe, que nous aimons tous bien, est parti avec un fanion. Il s'agit pour vous de retrouver M. Genou et de ramener son fanion au camp. Vous agirez par équipes, et l'équipe qui rapportera le fanion aura droit à une distribution supplémentaire de chocolat. M. Genou nous a laissé quelques indications qui vous permet-

tront de le retrouver plus facilement; écoutez bien: «Je suis parti vers la Chine, et devant un tas de trois cailloux blancs ...» Ça ne vous ferait rien de ne pas faire de bruit quand je parle?

Bertin a rangé son sifflet dans sa poche et M. Rateau a continué:

«Et devant un tas de trois gros cailloux blancs, j'ai changé d'avis et je suis allé dans les bois. Mais pour ne pas me perdre, j'ai fait comme le Petit Poucet et ...» Pour la dernière fois, voulez-vous cesser de jouer avec ce sifflet?

– Oh! pardon, monsieur Rateau, a dit un chef d'équipe.

M. Rateau a fait un gros soupir, et il a dit:

– Bien. Vous avez là les indications qui vous permettront de retrouver M. Genou et son fanion si vous faites preuve d'intelligence et d'initiative. Restez bien groupés par équipes, et que le meilleur gagne. Allez-y!

Tous les chefs d'équipe ont sifflé. Tout le monde s'est mis à courir partout, mais sans sortir du camp, parce que personne ne savait où aller.

Nous étions tous très contents de jouer comme ça la nuit.

– Je vais aller chercher ma lampe électrique, a crié Calixte.

Mais notre chef d'équipe l'a rappelé.

– Restez là, nous a-t-il dit. Discutez entre vous pour savoir comment commencer vos recherches. Et dépêchez-

vous si vous voulez être la première équipe à retrouver M. Genou.

Alors, je crois qu'il n'y avait pas grande raison de s'inquiéter, parce que tout le monde courait et criait mais personne n'avait envie de sortir du camp.

— Voyons, a dit notre chef d'équipe. Réfléchissez. M. Genou a parlé de la Chine. Dans quelle direction se trouve ce pays d'Orient?

— Moi, j'ai un atlas où il y a la Chine, nous a dit Crépin. C'est ma tante Rosalie qui me l'a donné pour mon anniversaire; j'aurais préféré un vélo.

— Moi, j'ai un chouette vélo, chez moi, a dit Bertin.

— De course? ai-je demandé.

— Ne l'écoute pas, a dit Crépin, il raconte des blagues!

— Et la gifle que tu vas recevoir, c'est une blague? a demandé Bertin.

— La Chine se trouve à l'Est! a crié notre chef d'équipe.

— Et l'Est, c'est où? a demandé un type.

— Hé, chef, a crié Calixte, ce garçon-ci n'est pas de chez nous! C'est un espion!

— Je ne suis pas un espion, a crié le garçon. Je suis de l'équipe des Aigles, et c'est la meilleure équipe de la colo!

— Eh bien, va la rejoindre, ton équipe, a dit notre chef.

— Volontiers, si je savais où elle se trouvait, a répondu le garçon.

– De quel côté se lève le soleil? a demandé notre chef.

– Il se lève du côté de Gualbert, qui a son lit à côté de la fenêtre, a dit Jonas.

– Hé! chef, a crié Crépin, il n'est pas là, Gualbert!

– C'est vrai, a dit Bertin, il ne s'est pas réveillé. Il dort bien, Gualbert. Je vais aller le chercher.

– Fais vite ! a crié le chef.

Bertin est parti en courant et puis il est revenu en disant que Gualbert avait sommeil et qu'il ne voulait pas venir.

– Tant pis pour lui, a dit le chef.

Mais comme tout le monde était toujours dans le camp, ce n'était pas bien grave.

Et puis M. Rateau, qui était debout au milieu du camp, s'est mis à crier:

– Un peu de silence! Les chefs d'équipe, faites de l'ordre! Réunissez vos équipes pour commencer le jeu!

C'était vraiment difficile parce que dans le noir on ne distinguait pas les équipes. Chez nous, il y en avait un des Aigles et deux des Braves. Paulin s'est vite retrouvé chez les Sioux, parce qu'on a reconnu sa façon de pleurer. Calixte se trouvait parmi les Trappeurs, qui cherchaient leur chef d'équipe. On s'amusait bien, et puis il s'est mis à pleuvoir.

– Le jeu est suspendu! a crié M. Rateau. Retournez dans vos baraques!

Cela a été vite fait, parce qu'heureusement, tout le monde était toujours dans le camp.

M. Genou est revenu le lendemain matin, avec son fanion, dans la voiture du fermier qui a le champ d'orangers. Voilà ce qui est arrivé à notre économe. D'abord, il s'est caché dans le bois de pins. Puis, quand la pluie s'est mise à tomber, il a eu assez de nous attendre et il a voulu revenir au camp.

Mais il s'est perdu dans les bois et il est tombé dans un fossé plein d'eau. Là, il s'est mis à crier si fort qu'il a fait aboyer le chien du fermier. Et c'est ainsi que le fermier a pu trouver M. Genou et le ramener dans sa ferme pour le sécher et lui faire passer la nuit.

On ne nous a pas dit si le fermier a reçu la distribution supplémentaire de chocolat. Il y avait droit, pourtant!

Vocabulaire

à voix basse   *in an undertone*
la groseille   *redcurrant*
de toutes façons   *in any case*
le fanion   *flag*
faire preuve de   *to show, give evidence of*
le caillou   *pebble*
que le meilleur gagne   *may the best man win*
la recherche   *search*
le vélo de course   *racing cycle*
la blague (fam)   *joke*
l'espion (m)   *spy*
le fossé   *ditch*
sécher   *to dry*

Questions

1   Pourquoi a-t-on dit aux garçons de se coucher vite cette nuit-là?
2   Quel bruit a réveillé Nicolas?
3   Qu'est-ce qui a décidé Paulin à se lever?
4   Quel temps faisait-il?
5   Décrivez le jeu de nuit.
6   Quel prix remporterait l'équipe gagnante?
7   Qu'est-il arrivé à Gualbert?
8   Nommez cinq équipes de la colonie de vacances.
9   Combien de garçons y avait-il dans chaque équipe?
10   Racontez ce qui est arrivé à Monsieur Genou.

93

« La pêche à la ligne a une influence calmante … »
Ces quelques mots lus dans un magazine, ont
fortement impressionné Gérard Lestouffe, le jeune
chef de l'équipe Œil-de-Lynx, qui a passé une nuit
délicieuse à rêver de douze petits garçons immobiles
et silencieux, en train de surveiller attentivement
douze bouchons ballottés sur l'eau paisible …

11 La soupe de poisson

Ce matin, notre chef d'équipe est entré dans la baraque et il nous a dit :

— Eh, les gars ! Pour changer, au lieu d'aller à la baignade avec les autres, ça vous amuserait d'aller à la pêche ?

— Oui ! a répondu tout le monde. Presque tout le monde, parce que Paulin n'a rien dit. Il se méfie toujours et il veut rentrer chez ses parents. Gualbert non plus n'a rien dit. Il dormait encore.

— Bon, a dit notre chef. J'ai déjà prévenu le cuisinier pour lui dire que nous lui apporterons du poisson pour midi. C'est notre équipe qui offrira la soupe de poisson à tout le camp. Comme ça, les autres équipes sauront que l'équipe Œil-de-Lynx est la meilleure de toutes. Pour l'équipe Œil-de-Lynx ... hip hip !

— Hourrah ! avons-nous tous crié, sauf Gualbert.

— Et notre mot de passe, c'est ? ... nous a demandé notre chef.

— Courage ! avons-nous tous répondu, même Gualbert qui venait de se réveiller.

95

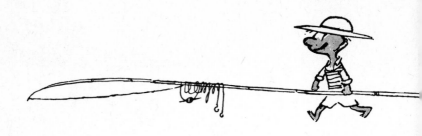

Après le rassemblement, pendant que les autres allaient à la plage, M. Rateau, le chef du camp, nous a fait distribuer des cannes à pêche et une vieille boîte pleine de vers.

– Si vous rentrez trop tard je n'aurai pas le temps de préparer la soupe, a crié le cuisinier en riant. Il rie toujours le cuisinier, et nous l'aimons bien. Quand on va le voir dans sa cuisine, il se met à crier:

– Dehors, bande de petits mendiants! Je vais vous chasser avec ma grosse louche! Vous allez voir! et il nous donne des biscuits.

Nous sommes partis avec nos cannes à pêche et nos vers, et nous sommes arrivés sur la jetée, tout au bout. Il n'y avait personne, sauf un gros monsieur avec un petit chapeau blanc qui était en train de pêcher, et qui n'a pas eu l'air tellement content de nous voir.

– Avant tout, pour pêcher, a dit notre chef, il faut du silence, sinon, les poissons ont peut et ils s'écartent! Pas d'imprudences, je ne veux voir personne tomber dans l'eau! Restez groupés! Interdiction de descendre dans les rochers!

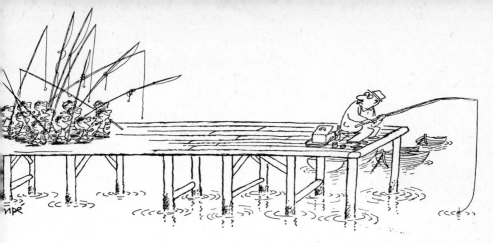

Faites bien attention de ne pas vous faire mal avec les hameçons!

— Vous avez fini? a demandé le gros monsieur.

— Hein? a demandé notre chef, tout étonné.

— Je vous demande si vous n'avez pas fini de hurler comme un putois, a dit le gros monsieur. A crier comme ça, vous effrayeriez une baleine!

— Il y a des baleines par ici? a demandé Bertin.

— S'il y a des baleines, moi je m'en vais! a crié Paulin. Mais lui il n'est pas parti; celui qui est parti, c'est le gros monsieur.

— Qui sont ceux parmi vous qui sont déjà allés à la pêche? a demandé notre chef.

— Moi, a dit Athanase. L'été dernier, j'ai pêché un poisson comme ça! et il a ouvert les bras autant qu'il a pu. Nous avons ri parce qu'Athanase est très menteur; il est même le plus menteur de nous tous.

— T'es un menteur, lui a dit Bertin.

— T'es jaloux et bête, a dit Athanase. Mon poisson était gros comme ça. Et Bertin a profité des bras écartés d'Athanase pour lui donner une gifle.

97

7

— Assez, vous deux, ou je vous défends de pêcher! C'est compris? a crié le chef. Alors, Athanase et Bertin se sont tenus tranquilles.

Le chef nous a montré comment il fallait faire pour mettre un ver au bout de l'hameçon.

— Surtout, nous a-t-il dit, faites bien attention de ne pas vous faire de mal avec les hameçons!

Nous avons tous essayé de faire comme le chef, mais ce n'était pas facile, et le chef nous a aidés. Dès qu'il a eu un ver à son hameçon, Paulin a jeté la ligne vite à l'eau, pour éloigner le ver le plus possible. Nous avons tous mis nos lignes dans l'eau, sauf Gualbert et Calixte qui faisaient une course de vers sur la jetée.

— Surveillez bien vos bouchons! a dit le chef.

Soudain, Paulin a poussé un cri, il a levé sa canne et et au bout de la ligne il y avait un poisson.

— Un poisson! a crié Paulin. Maman! et il a lâché la canne qui est tombée sur les rochers. Le chef s'est passé la main sur la figure, il a regardé Paulin qui pleurait, et puis il a dit:

— Attendez-moi là, je vais aller chercher la canne de ce petit … de ce petit maladroit. Le chef est descendu sur les rochers, non sans peine parce que c'est très glissant, mais d'abord tout s'est bien passé. Il y a eu des ennuis ensuite quand Crépin est descendu pour aider le chef. Il a glissé dans l'eau, mais le chef a pu le rattraper. Le chef criait tellement fort qu'on voyait, très loin sur la plage, des gens qui se levaient pour voir.

C'est Gualbert qui a eu le premier poisson. C'était son jour. Nous sommes tous allés voir. Son poisson n'était pas très gros mais Gualbert en était fier quand même et le chef l'a félicité.

Après, Gualbert voulait se reposer. Il s'est allongé sur la jetée et il a dormi. Vous ne devinerez jamais qui a eu le deuxième poisson! C'est moi! Un poisson formidable! Vraiment terrible! Il était à peine un peu plus petit que celui de Gualbert, mais il était très bien. Ce qui est dommage, c'est que le chef s'est fait mal au doigt avec l'hameçon, en le décrochant. Alors le chef a dit qu'il était l'heure de rentrer.

Nous étions un peu confus de n'avoir que deux poissons à donner au cuisinier pour faire la soupe pour tout le camp. Mais le cuisinier s'est mis à rire en disant que c'était parfait, que c'était juste ce qu'il fallait. Et pour nous récompenser, il nous a donné des biscuits.

Eh bien, il est formidable, le cuisinier. La soupe était très bonne et M. Rateau a crié:

– Pour l'équipe Œil-de-Lynx … hip hip …

– Hourrah! a crié tout le monde.

Après, je me suis demandé comment ça se faisait que les poissons de la soupe étaient si gros et si nombreux. Alors, le cuisinier s'est mis à rire de nouveau et il m'a expliqué que les poissons gonflent à la cuisine.

Puis il m'a donné une tartine à la confiture.

Vocabulaire

le bouchon   *cork*
ballotter   *to toss about*
paisible   *peaceful*
la canne à pêche   *fishing rod*
le vers   *worm*
le mendiant   *beggar*
la louche   *ladle*
s'écarter   *to move away*
l'hameçon (m)   *fish-hook*
le putois   *polecat*
effrayer   *to terrify*
la baleine   *whale*
menteur   *given to lying*
le maladroit   *clumsy person*
deviner   *to guess*
gonfler   *to swell*
la taille   *size*

Questions

1   Pourquoi Gérard Lestouffe a-t-il voulu faire une partie de pêche?
2   A quoi sert d'habitude la louche du cuisinier?
3   Où pêchaient les garçons?
4   Pourquoi le gros monsieur est-il parti?
5   Paulin avait-il envie de prendre le premier poisson quand il a jeté sa ligne dans l'eau?
6   Comment celui-ci a-t-il perdu son poisson?
7   De quelle taille était le poisson de Nicolas?
8   Comment était la soupe au poisson?
9   Avez-vous déjà pêché à la ligne?
10   Nommez cinq espèces de poissons.

Cher Monsieur, chère Madame,
Crépin se porte très bien, et je suis heureux de vous dire que nous sommes très contents de lui. Cet enfant s'entend très bien avec ses camarades. Il veut être considéré comme un homme et comme un chef. Très dynamique, Crépin a un ascendant vif sur ses jeunes amis. Je serai très heureux de vous voir, lors de votre passage dans la région ...
(*Extrait d'une lettre de M. Rateau aux parents de Crépin*)

12 Crépin a des visites

Nous nous amusons beaucoup à la colonie de vacances mais il y a des moments où nos parents nous manquent. Evidemment, nous leur écrivons beaucoup de lettres. On leur dit qu'on mange bien, qu'on est sage et eux, ils répondent qu'on doit être obéissant, qu'on doit manger de tout et qu'il faut être prudent.

Hier, Crépin a eu de la chance. On venait de s'asseoir pour déjeuner, quand M. Rateau, le chef du camp, est entré en souriant et il a dit:

– Crépin, une bonne surprise pour toi, ta maman et ton papa sont venus te rendre visite.

Et nous sommes tous sortis pour voir. Crépin a sauté au cou de sa maman, et puis à celui de son papa; il les a embrassés, ils lui ont dit qu'il était plus grand et qu'il était bien brûlé par le soleil. Crépin a demandé s'ils avaient le train électrique et tout le monde était très heureux de se voir. Puis Crépin leur a dit:

– Voilà mes copains. Celui-là, c'est Bertin; l'autre c'est Nicolas, et puis Gualbert, et puis Paulin, et puis Athanase, et puis les autres, et ça c'est notre chef d'équipe, et ça c'est notre baraque. Hier j'ai pêché des crevettes.

– Vous partagerez bien notre déjeuner? a demandé

M. Rateau.

— Nous ne voudrions pas vous déranger, a dit le papa de Crépin, nous sommes juste de passage.

— Par curiosité, j'aimerais bien voir ce qu'ils mangent les petiots, a dit la maman de Crépin.

— Mais avec plaisir, chère madame, a dit M. Rateau. Je vais faire prévenir le chef de préparer deux rations supplémentaires.

Et nous sommes tous revenus dans le réfectoire.

Les parents de Crépin étaient à la table de M. Rateau, avec M. Genou, qui est notre économe. Crépin est resté avec nous, il était très fier et il nous a demandé si nous avions vu l'auto de son papa. M. Rateau a dit aux parents de Crépin que tout le monde au camp était très content de Crépin, qu'il avait beaucoup d'esprit d'initiative. Puis on a commencé à manger.

— Mais c'est très bon! a dit le papa de Crépin.

— Une nourriture simple, mais abondante et saine, a dit M. Rateau.

— Enlève bien la peau de ton saucisson, mon gros lapin, et mâche bien! a crié la maman de Crépin.

Ayant déjà mangé son saucisson avec la peau, Crépin avait l'air gêné. Il mange très vite, Crépin. Et puis, on a eu du poisson.

– C'est bien meilleur que dans l'hôtel où nous étions sur la Costa Brava, a expliqué le papa de Crépin; là-bas, l'huile …

– Les arêtes! Attention aux arêtes, mon gros lapin! a crié la maman de Crépin. Souviens-toi comme tu as pleuré à la maison, le jour où tu en as avalé une!

– Je n'ai pas pleuré, a dit Crépin, qui est devenu tout rouge; il avait l'air encore plus brûlé par le soleil qu'avant.

Comme dessert on a eu de la crème, et après M. Rateau a dit:

– Nous avons l'habitude, après les repas, de chanter quelques chansons.

Et puis M. Rateau s'est levé et il nous a dit:

– Attention!

Il a remué les bras et nous avons chanté la chanson du

petit navire, où on tire à la courte-paille pour savoir qui, qui, qui sera mangé, ohé! ohé! et le papa de Crépin, qui avait l'air de bien s'amuser, nous a aidés. A la fin, la maman de Crépin a dit:

– Lapin, chante-nous la petite balançoire!

Et elle a expliqué à M. Rateau que Crépin chantait ça quand il était tout petit. Mais Crépin n'a pas voulu chanter, il a dit qu'il ne la savait plus, et sa maman a voulu l'aider:

– Youp-là, youp-là, la petite balançoire …

Mais même là, Crépin n'a pas voulu, et il n'avait pas l'air content surtout quand Bertin s'est mis à rire. Puis M. Rateau a dit qu'il était l'heure de se lever de table.

Nous sommes sortis du réfectoire, et le père de Crépin a demandé ce qu'on faisait à cette heure-ci, d'habitude.

– Ils font la sieste, a dit M. Rateau, c'est obligatoire.

– C'est très judicieux, a dit le papa de Crépin.

– Moi, je ne veux pas faire la sieste, a dit Crépin, je veux rester avec mon papa et ma maman!

– Mais oui, mon gros lapin, a dit la maman de Crépin, je suis sûre que M. Rateau fera une exception pour toi, aujourd'hui.

Alors, tout le monde a voulu profiter de l'exception.

Puis M. Rateau, qui a eu l'air de se fâcher tout d'un coup, a dit:

– Silence! Tout le monde fera la sieste! Un point, c'est tout!

Crépin s'est mis à crier, à pleurer, à faire des gestes avec les mains et les pieds, et ça nous a étonnés, parce que c'est plutôt Paulin qui fait ça. Paulin est un copain qui pleure tout le temps et qui dit qu'il veut retourner chez son papa et sa maman, mais cette fois-ci il ne disait rien il était tellement étonné d'en voir pleurer un autre que lui.

Le papa de Crépin a eu l'air très gêné.

– De toutes façons, a-t-il dit, nous devons repartir tout de suite, si nous voulons arriver cette nuit comme prévu …

– Mon gros lapin …, a dit la maman de Crépin.
Elle a embrassé Crépin, lui a fait beaucoup de conseils, lui a promis des jouets, et puis elle a dit au revoir à M. Rateau.

– C'est très bien chez vous, a-t-elle dit. Je trouve seulement que, loin de leurs parents, les enfants sont un peu nerveux. Ce serait une bonne chose, si les parents venaient les voir régulière-ment. Ça les calmerait, ça leur rendrait leur équilibre de se retrouver dans l'atmosphère familiale.

Et puis, nous sommes tous allés faire la sieste. Crépin ne pleurait plus, et c'est seulement quand Bertin a dit :

– Lapin, chante-nous la petite balançoire, que nous avons recommencé à nous battre.

Vocabulaire

s'entendre (avec) *to get on well with*
l'ascendant (m) *influence*
lors de *at the time of*
partager *to share*
le petiot (fam) *little fellow*
le réfectoire *dining-room*
sain *healthy*
l'arête (f) *fish-bone*
avaler *to swallow*
tirer à la courte-paille *to draw lots*
la balançoire *seesaw*
gêner *to embarrass*
comme prévu *as planned*
la veillée *social evening*
faire montre de *to display*
clôturer *to terminate*

Questions

1 Pourquoi la mère de Crépin voulait-elle partager le déjeuner des enfants?
2 Etait-elle assise à côté de son fils?
3 Faites le menu du déjeuner des élèves.
4 D'abord Crépin était très content de voir ses parents. Pourquoi a-t-il été gêné ensuite?
5 Quel privilège a-t-il demandé la mère de Crépin ce jour-là?
6 Ce privilège, a-t-il été accordé?
7 Pourquoi le père de Crépin voulait-il partir tout de suite?
8 Pensez-vous que la visite de ses parents a exercé une influence calmante sur Crépin?
9 Voudriez-vous vous séparer de la maison familiale pendant les vacances?
10 Ecrivez les paroles de la chanson: «Il était un petit navire.»

Les vacances se terminent, et il va falloir quitter la colo. C'est triste, bien sûr, mais les enfants se consolent en pensant que leurs parents seront très contents de les revoir. Et avant le départ, il y a eu une grande veillée d'adieu au Camp Bleu. Chaque équipe a fait montre de ses talents; celle de Nicolas a clôturé la fête en faisant une pyramide humaine. Au sommet de la pyramide, un des jeunes gymnastes a agité le fanion de l'équipe Œil-de-Lynx, et tout le monde a poussé le cri de ralliement: «Courage!»

Courage qu'ils ont tous eu au moment des adieux, sauf Paulin, qui pleurait et qui criait qu'il voulait rester au camp.